*Man kann nicht **nicht** kommunizieren.*
—Paul Watzlawick

Bessere Beziehungen

Immer, wenn Menschen aufeinandertreffen, kommunizieren sie. Egal, ob sie reden oder schweigen, ob sie es beabsichtigen oder vermeiden wollen – sie tauschen Botschaften aus. Ohne Kommunikation gibt es weder Begegnung noch Beziehung. Das Thema ist so vielfältig, weil es jeden Bereich unseres Lebens betrifft.

Erfolgreiche Kommunikation ist schwierig, weil es nie nur um Daten und Fakten geht, sondern um Faktoren wie Wahrnehmungen, Gefühle, Einstellungen, Überzeugungen, Erfahrungen und Persönlichkeitsmerkmale. Sie bestimmen zwar jede Kommunikation, sind aber nicht berechenbar. Es gibt keine simple Gleichung wie 1+1=2, sondern viele unbekannte Variablen, die das Ergebnis immer wieder anders aussehen lassen und der Kommunikation ihre Eigendynamik verleihen.
Das, was der eine sagen will, und das, was der andere hört, ähnelt sich oft kaum mehr. Denn Menschen meinen nicht immer, was sie sagen, und sie sagen nicht immer, was sie meinen. Sie hören nicht aufmerksam zu oder hören nicht die eigentliche Intention heraus. Sie verändern Informationen und werden durch empfangene Informationen verändert. Sie kränken und werden gekränkt. Sie missverstehen einander und sind verständnislos.
Gerade die Einzigartigkeit jedes Menschen macht die Interaktion von zwei Individuen unberechenbar. Das macht Kommunikation so spannend, vielfältig und lebendig. Hier kannst du auf Entdeckungsreise gehen und verborgene Hintergründe ausleuchten, Verständnis für andere Denk- und Verhaltensweisen entwickeln, dein eigenes (Kommunikations-)Verhalten verändern. Du erkennst, wie vermeidbar manche Probleme wären und wie du vorhandene Konflikte lösen kannst.
Dieses Quadro ist eine Art Reiseführer, um dieses Gebiet besser kennenzulernen, den Blick dafür zu öffnen, damit Verstehen und Verständnis wachsen.

Einleitung

■ Kommunikation hat mich schon immer interessiert. Doch erst als ich – ich bin freiberufliche Seminarleiterin – Trainings darüber durchführte, begann ich zu ahnen, dass ich die Bedeutung der Kommunikation für Beziehungen weit unterschätzt hatte. Mir wurde bewusst, dass es fast immer mangelnde oder unbedachte Kommunikation ist, die zu Beziehungsproblemen führt. Dagegen stärken Informationsaustausch und Kommunikationstechniken persönliche und berufliche Beziehungen. Kurz gesagt: Beziehungen und Kommunikation sind untrennbar miteinander verbunden.

In meinen Seminaren sowie in privaten Gesprächen erlebe ich, wie bei Menschen ein Aha-Effekt einsetzt, wenn wir destruktive Denk-, Kommunikations- und Handlungsmuster entlarven. Zusammenhänge werden transparent und bewusst. Es wird deutlich, wie Konflikte entstehen, wie man vorbeugt oder mit vorhandenen umgeht. Aber am wichtigsten ist, dass durch diese Erkenntnisse Veränderung möglich wird.

Für dieses Quadro habe ich mich noch einmal intensiv mit diesen Themen beschäftigt. Bei jedem Text, den ich schrieb, sah ich auch bei mir noch Handlungsbedarf. Es reicht nicht, theoretisch zu wissen, wie man gut kommuniziert, sondern es ist ein Prozess, das Wissen ins eigene Leben zu integrieren.

Ich wünsche mir und dir, dass dieses Quadro dir nicht nur Prinzipien der Kommunikation bewusst macht, sondern dass du deine Erkenntnisse auch praktisch in deine Beziehungen übertragen kannst und sie positiv verändert werden.

Viel Freude und Erfolg dabei!

Damaris Graf

—Damaris Graf

PS: Ich freue mich auf Kommunikation mit dir: DamarisGraf@web.de

Tipps zur Anwendung

- Dieses Quadro ist in vier Kapitel mit jeweils sieben Abschnitten aufgeteilt. So kannst du 28 Tage lang täglich ein Thema lesen und umsetzen.
- Die Tagesthemen sind zwar thematisch gegliedert, doch da jedes in sich abgeschlossen ist, kannst du sie sowohl fortlaufend als auch einzeln lesen. Wenn dich ein Thema besonders interessiert, fang doch damit an.
- Zu jedem Text gibt es Fragen, die dir bei der Umsetzung des Gelesenen in deinen Alltag helfen können.

Nimm dir Zeit, darüber nachzudenken und sie ehrlich zu beantworten – am besten in schriftlicher Form. Ich empfehle, dir auch Notizen zu den Handlungsimpulsen zu machen – wie du sie umsetzen willst und welche Erfahrungen du dabei machst. Dafür eignet sich ein Notizbuch oder *Mein Quadro*, das speziell für die Quadro-Serie gestaltet ist.

- Auch für Gruppen ist dieses Quadro geeignet – es bietet viele Gesprächsimpulse.
- Ich empfehle dir, mit Menschen, die dir nahe stehen, über das Gelesene zu reden. Es bleibt dadurch besser hängen, und du hast die Chance, durch die Gespräche mehr über dich zu erfahren und eure Beziehungen zu stärken.
- Ideal wäre es, das Quadro gemeinsam mit deinem Partner oder einer nahestehenden Person durchzuarbeiten. Auf diese Weise könnt ihr gemeinsam an der Verbesserung eurer Kommunikation arbeiten.
- Bitte erwarte weder zu viel von dir selbst noch von deinen Beziehungspartnern. Lass dir Zeit für Veränderungen und erlaube auch anderen, Fehler zu machen. Richte den Fokus auf dich selbst; denn wenn *du* dich anders verhältst, werden sich auch deine Beziehungen verändern.
- Da selbst Wichtiges schnell vergessen wird, empfehle ich dir, immer wieder mal im Quadro und deinen Notizen zu lesen. So kannst du Dinge neu umsetzen und in dein Leben integrieren.

Woche 1
Wirkungen entdecken

Am Anfang war das Wort.
Alles wurde durch das Wort geschaffen,
und nichts ist ohne das Wort geworden.
—Die Bibel. Johannes 1,1+3

Schöpferische Worte

■ Mit Worten hat alles angefangen. Sie sind so kraftvoll, dass sie Dinge aus dem Nichts in Existenz bringen können. Die Bibel erzählt, wie die Welt und ihre Bewohner allein durch das Wort Gottes erschaffen wurden. Es heißt: »Gott sprach«, und die Schöpfung entstand wie ein Echo des gesprochenen Wortes. Gott sprach und das Chaos wurde in Ordnung und Schönheit verwandelt. Er sprach und die Dunkelheit wurde Licht; Klarheit und Wärme entfalteten sich. Er sprach und es entwickelte sich Leben, Bewegung und Begegnung.

Man merkt, dass sich Gott der Wirkung jedes einzelnen seiner Worte bewusst war. Ihm war klar, dass sie gut überlegt und präzise sein mussten. Nur so konnten sie zielsicher eingesetzt werden und Leben und Wachstum erzeugen.

Wir besitzen zwar nicht die Schöpferkraft Gottes, die Dinge aus dem Nichts erschaffen kann, doch auch unsere Worte können viel bewirken. Sie schaffen neue Wirklichkeiten – positive oder negative.

Nutzen wir den Einflussbereich, den wir durch unser Ausdrucksvermögen haben? Bringen wir Leben? Verändern wir Dinge zum Positiven? Schaffen wir Neues und Schönes, z.B. indem wir neue Kontakte knüpfen oder Menschen ermutigen? Bringen wir Wärme in Beziehungen? Trauen wir uns, andere durch Wahrheit und Klarheit herauszufordern? Was bewirken unsere Worte bei (unseren) Kindern? Was leben wir ihnen über den Sprachgebrauch vor? Welche Welt erschaffen wir durch unsere Worte?

■ **Denk mal**

Was entsteht, wenn du sprichst? Wird die Welt dann heller? Nutzt du deine Macht, um Dinge zu verändern?

■ **Mach mal**

Versuche heute durch deine Worte eine Beziehung zu klären oder Wärme hineinzubringen.

> *Gedacht ist noch nicht gesagt,*
> *gesagt ist noch nicht gehört,*
> *gehört ist noch nicht verstanden,*
> *verstanden ist noch nicht einverstanden ...*
> —*Konrad Lorenz*

1.2 Verfälschte Botschaften

■ Hast du als Kind gerne Stille Post gespielt? Da flüstert einer dem anderen einen Satz ins Ohr und der Letzte spricht ihn laut aus. Das Spiel ist so witzig, weil das Gesagte und das am Ende Gehörte meist nicht mehr viel gemeinsam haben.

In der Realität finden wir es oft gar nicht lustig, wie der »Stille-Post-Effekt« Botschaften verfälscht, etwa wenn man Opfer eines Gerüchtes wird. Experten gehen von etwa 70 % aus, die beim Zuhören verändert werden. Das liegt an undeutlicher Sprechweise, Lärm, Ablenkung und unklaren Formulierungen. Da der Hörer Inhalte nicht nur akustisch, sondern auch gedanklich aufnehmen muss, kommen noch mehr Störquellen hinzu. Er »übersetzt« sich das Gehörte unbewusst so, wie er es in seine Welt einordnen kann.

Auch wenn man etwas sagen will, setzt man eine Art Filter ein; man fasst seine Gedanken so in Worte, wie es zur eigenen Sprach- und Erlebniswelt sowie der des Zuhörers passt. Mit einem Kind spricht man anders als mit dem Chef. Daher decken sich das Gemeinte und Verstandene nie vollständig. Dieses Missverstehen führt zu Missverständnissen und Konflikten.

Doch man kann einiges dagegen tun: Formuliere klar und präzise, sprich laut und deutlich, bilde kurze Sätze. Wiederhole Wichtiges in anderen Worten, lasse den anderen zusammenfassen und wähle ggf. die schriftliche Form. Wenn du Zuhörer bist, kannst du gezielt nachfragen. Auf diese Weise steigerst du das gegenseitige Verstehen und Verständnis.

■ **Denk mal**

In welchen Situationen kommt der »Stille-Post-Effekt« bei dir zum Tragen?

■ **Mach mal**

Rechne bewusst mit dem »Stille-Post-Effekt«. Achte darauf, dass deine Sprache zum Gesprächspartner passt. Prüfe, ob du ihn richtig verstanden hast.

1.3

Der Körper ist der Übersetzer der Seele ins Sichtbare.

—Christian Morgenstern

Wortlose Kommunikation

Es gab einmal ein Pferd namens »Kluger Hans«, das Kopfrechnen konnte. Mit dem Huf klopfte es das Ergebnis auf den Boden. Ein Psychologe misstraute der Rechenkunst des Pferdes. Er fand heraus, dass sein Besitzer ihm erwartungsvoll auf den Huf blickte, bevor es zu klopfen begann, und den Kopf fast unmerklich hob, wenn die richtige Zahl erreicht war. Doch dem Besitzer war der Zusammenhang nie aufgefallen!

Diese Geschichte illustriert, wie aussagekräftig Körpersprache ist. Wir sind uns gar nicht bewusst, wie viel wir zum Ausdruck bringen, selbst wenn wir es gar nicht beabsichtigen. Unser Körper spricht durch Haltung, Gestik und Mimik seine eigene Sprache. Das wird vom anderen blitzschnell durchs Unterbewusstsein aufgenommen und übersetzt. Wirst du z.B. angelächelt und lächelst (nicht) zurück, hast du etwas kommuniziert, auch wenn das gar nicht deine Absicht war. Denn »Man kann sich nicht *nicht* verhalten.« und »Man kann nicht *nicht* kommunizieren.« (Watzlawick).

Sogar wenn wir uns verbal äußern, ist unsere Körpersprache beredsamer als unsere Worte. Forscher fanden heraus, dass der Inhalt einer Aussage nur etwa 7 % der Wirkung ausmacht. 55 % entstehen durch unsere Körpersprache und 38 % durch die Sprechweise! So nimmt es dein Gesprächspartner auch wahr, wenn deine Worte und Körpersprache nicht übereinstimmen. Deine innere Einstellung – zu dir selbst und zum Gegenüber – wird immer nach außen transportiert.

Du sprichst auch, wenn du schweigst.

Denk mal

Wie kommst du (auf Filmen) rüber?
Ist deine Körperhaltung eher offen oder verschlossen?

Mach mal

Richte heute deine Aufmerksamkeit auf Körpersprache. Was siehst du? Versuche anderen durch Berührungen, Lächeln etc. Wertschätzung zu zeigen.

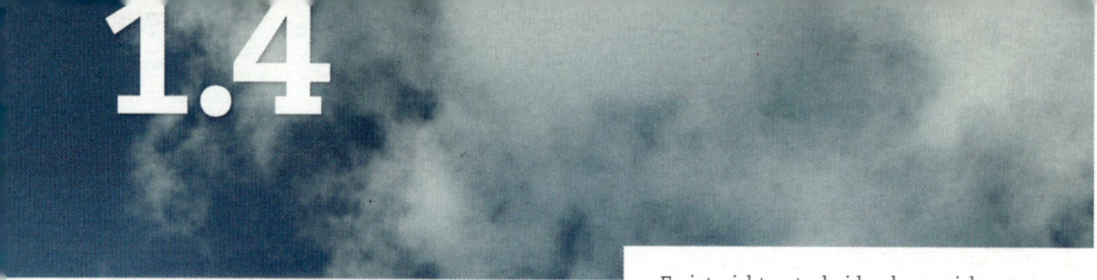

1.4

Unsichtbarer Nebel

Es ist nicht entscheidend, was ich sage, sondern was der andere hört.
—Vera Birkenbihl

■ »Warst du schon auf der Bank?«, fragt er sie. Eine scheinbar harmlose Frage, die bei ihr Unerwartetes auslöst: »Glaubst du, ich hätte gar nichts zu tun?!« Wir haben den Tonfall des Mannes nicht gehört und können somit nicht entscheiden, ob die Frage sachlich oder vorwurfsvoll klang. Sie *bewertet* es auf jeden Fall als Angriff und geht in die Defensive.

Wenn Menschen miteinander reden, geht es nie nur um Inhalte – selbst wenn das so wirkt. Immer spielt ihre Beziehung zueinander mit (Beziehungsebene). Ist sie stimmig, können sie sich ungestört über eine Sache unterhalten (Sachebene). Wenn aber eine der Personen ein Problem mit der anderen hat, oder das Gesagte als Kritik oder Herabsetzung bewertet, reagiert sie auf der Beziehungsebene. Sie versucht das aber auf der Sachebene – über Inhalte – auszutragen. Der Gesprächspartner nimmt jedoch die Störungen über die Körpersprache und den Tonfall (un-)bewusst wahr. Da man sich aber über Inhalte unterhält, wird er auf dieser Ebene kontern. Es kommt zu einem Streitgespräch über die Sache, wobei eigentlich die Beziehung das Thema ist. Es steigt ein Nebel auf, der die Inhalte verdunkelt. Eine sachliche Verständigung ist nicht mehr möglich.

Wenn man das merkt, hilft nur eins: Das Gespräch unterbrechen und die Empfindungen zum Thema machen. Etwa: »Ich nehme wahr: Es geht gar nicht mehr ums Thema. Können wir über unsere Gefühle reden?« Erst dann kann sich der Nebel verziehen.

■ **Denk mal**

Kannst du dich an eine Situation erinnern, wo »Nebel« aufgestiegen ist und kein Verstehen möglich war?

■ **Mach mal**

Versuche heute sensibel für die Beziehungsebene zu sein: Thematisiere es, wenn du wahrnimmst, dass es nicht mehr um die Sache geht.

Worte haben Macht, sie können über Leben und Tod entscheiden. Darum ist jeder für die Folgen seiner Worte verantwortlich.
—Die Bibel. Sprüche Salomons 18,21

Wirkungsvolle Worte

■ »Schuldig!« In manchen Ländern entscheidet dieses einzelne Wort darüber, ob ein Angeklagter zu Tode verurteilt wird oder leben darf.
Meist ist uns gar nicht bewusst, welche Folgen Worte haben. *»Das Wort verwundet leichter, als es heilt.«*, bemerkte Goethe. Das können wir aus eigener Erfahrung bestätigen: Fällt uns nicht immer wieder ein bestimmter Satz ein, mit dem wir einmal ganz tief verletzt wurden? Geht es uns selbst nicht auch so, dass wir meist viel zu schnell den Mund öffnen, ohne an die Folgen unserer Worte zu denken? Es tut uns dann hinterher furchtbar leid. Doch es ist wie bei einem Ei: Hat man es erst einmal aufgeschlagen, kann man die Aktion nie wieder rückgängig machen.
Es sind nicht nur verletzende Aussagen, die wie Gift wirken. Das erlebte ich, als meine Mutter eine schwere Operation hinter sich hatte. Einige Bekannte machten Bemerkungen, die ihren Tod oder ein furchtbares Leben nach der Operation prophezeiten. Obwohl die Operation geglückt war und alles gut aussah, merkte ich, wie mich diese Worte verfolgten. Sie waren kaum abzuschütteln. Was hat diese Menschen wohl bewegt, solche Aussagen zu machen?
Ich denke, sie waren sich gar nicht bewusst, welche Macht ihre Worte hatten, und sprachen, bevor sie über die Wirkung nachgedacht hatten. Doch es gab auch Worte der Zuversicht. Die waren wohltuend. Diese unterschiedlichen Folgen motivierten mich, Sprache positiv und lebensspendend zu nutzen.

■ **Denk mal**
Wo hast du erlebt, wie deine Worte starke positive oder negative Folgen hatten? Was war der Unterschied?

■ **Mach mal**
Schlag heute mal ein Ei auf und versuche dann, den ursprünglichen Zustand wiederherzustellen, oder bitte (d)ein Kind darum.

1.6

Die meisten Differenzen in der Ehe beginnen damit, dass eine Frau zu viel redet und ein Mann zu wenig zuhört.
—Curt Goetz

Weiblicher und männlicher Stil

Herr Mann kommt abends heim. Er ist fertig. Er hat den ganzen Tag mit Kollegen und Kunden geredet und von den 2000 Wörtern, die er täglich spricht, schon 1999 verwendet. Jetzt will er einfach mal schweigen. Seine Frau erwartet ihn sehnsüchtig. Sie hat nur mit dem Baby kommuniziert und ihr Wortpensum noch lange nicht verbraucht. Endlich kann sie den Rest loswerden und von ihren Erlebnissen und Problemen erzählen. Ihr Mann meint, sie wolle Lösungen von ihm, und bemüht sich, ihr mit knappen, sachlichen Worten passende Vorschläge anzubieten. Sie schmettert alle ab. Er sollte doch nur zuhören! Ein mitfühlendes »Ach, du Arme!« hätte ihr völlig gereicht. »Du verstehst mich einfach nicht!«, sagt sie nun. Er denkt dasselbe, ist nur zu müde, um es auszusprechen. Er holt sich ein Bier, macht den Fernseher an und zieht sich in seine imaginäre Höhle zurück. »Endlich meine Ruhe!«, denkt er. Sie ruft ihre beste Freundin an: »Endlich über alles reden!«, sagt sie.

Derartige Szenen kommen in den besten Ehen vor, denn »Männer sind anders. Frauen auch« (John Gray). Man sagt, dass sie eigentlich gar nicht zusammenpassen. Das stimmt dann, wenn man erwartet, dass der Partner sich so verhält, wie man es selbst tut, wenn man versucht, ihm das eigene (Kommunikations)-Verhalten anzuerziehen. Dies führt zu Konflikten und langfristig zu zerstörten Beziehungen. Lässt man dagegen den anderen stehen und kommt ihm entgegen, wird die Andersartigkeit zur Bereicherung.

Denk mal

Willst du lernen, die andersartigen Bedürfnisse des (Gesprächs-)Partners zu akzeptieren und darauf einzugehen?

Mach mal

Übe heute den Stil, den du sonst weniger praktizierst: »Nur« Zuhören oder dich aktiver ins Gespräch einbringen. Akzeptiere den anderen.

Eine Persönlichkeit ist der Ausgangspunkt und Fluchtpunkt alles dessen, was gesagt wird, und dessen, wie es gesagt wird.
—Robert Musil

1.7 Bereichernde Unterschiede

■ Teambesprechung bei der Super AG. »Ich habe eine tolle Idee!«, meint Susi. »Also, wir könnten es so machen: ...!« Guido verdreht genervt die Augen: »Lass uns doch zuerst die Lage analysieren.« Hans sagt gar nichts, er hört lieber erst mal zu. Da fährt ihn Hugo, der Boss, an: »Du könntest dich auch mal beteiligen! Wir brauchen Ergebnisse und zwar schnell!«

Jede der vier Personen hat eine eigene Persönlichkeit und kommuniziert entsprechend. Jede Art hat ihre Stärken und Schwächen. Susi kann gut Ideen einbringen und dafür begeistern. Es fällt ihr aber schwer, zuzuhören. Guido nimmt alles sehr genau, doch er hat Mühe, auf den Punkt zu kommen. Hans ist ein guter Zuhörer, aber oft muss man ihm jedes Wort aus der Nase ziehen. Hugo dagegen ist so zielstrebig, dass er dabei anderen gegenüber eher unsensibel sein kann.

Unsere Persönlichkeit setzt sich zwar aus einer Mischung verschiedener Stile zusammen, doch meist überwiegt eine Seite. Nicht immer harmoniert diese mit den Bedürfnissen von anderen, denn wir sind entweder zu unterschiedlich oder auch einander zu ähnlich. Wir neigen dazu, uns über einander zu ärgern und einander abzulehnen. Es kommt zu Konflikten.

Mir hilft es, wenn ich akzeptiere, dass der andere eben seinen ganz eigenen Persönlichkeits- und Kommunikationsstil hat. Dann erwarte ich nicht mehr Verhaltensweisen, die er nicht bringen kann, und ich kann ihn als wertvolle Ergänzung für meine eigenen Schwächen sehen.

■ **Denk mal**

Wie schätzt du deine Persönlichkeit und deinen Kommunikationsstil ein? Mit welchem hast du Probleme?

■ **Mach mal**

Unterhalte dich heute mit einer Bezugsperson darüber, wie ihr euch gegenseitig einschätzt. Fokussiert dabei eure Stärken.

Woche 2
Barrieren entfernen

2.1

Achte auf deine Gedanken und Gefühle,
denn sie beeinflussen dein ganzes Leben!
—Die Bibel. Sprüche Salomons 4,23

Gefährliche Gedanken

■ Francis Galton lebte vor etwa 100 Jahren in London und machte einmal folgenden Versuch: Er redete sich bewusst ein, er sei der meistgehasste Mann Englands. Danach machte er seinen gewohnten Spaziergang. Aber an diesem Tag war alles anders: Passanten riefen ihm Schimpfworte zu oder wandten sich voll Abscheu von ihm ab. Er wurde angerempelt und fiel hin. Ein Pferd schlug aus und traf ihn. Wieder ging er zu Boden und die Schaulustigen ergriffen Partei für das Pferd.
Seine innere Einstellung war auch ohne Worte sichtbar geworden, bereits durch seine Körpersprache hatte er kommuniziert. Er hatte das bewusst gemacht – doch wie ist das mit uns? An manchen Tagen scheint alles schief zu laufen, alle scheinen sich gegen uns verschworen zu haben. Wir sehen schwarz und werden schwarz gesehen. Die Laune sinkt immer weiter. Wir übersehen meist, dass auch wir bestimmte Signale gesendet haben: Unsere Mimik war angespannt, unser Tonfall gereizt.
Bei manchen werden negative Einstellungen zum Lebensstil: Sie bewerten sich selbst nicht als »OK« und benehmen sich zwangsläufig auch so. «Wie springt der denn mit mir um?«, fragen sie sich oft und sehen sich als geborene Opfer. Andere wollen genau dies vermeiden. Mit Schutzweste bekleidet und der Hand am Abzug der entsicherten Waffe laufen sie durchs Leben. Dann wundern sie sich, dass es häufig zu Wortgefechten kommt.
Wir kommunizieren immer – welche Botschaft ist es?

■ **Denk mal**
Wenn ein Gehörloser dich eine Woche begleiten würde, wie würde er deine Körpersprache wahrnehmen?

■ **Mach mal**
Finde ein Wort, das dein Bild von dir selbst beschreibt, und ersetze es ggf. Schreibe zehn deiner Stärken auf und zehn Dinge, für die du dankbar bist.

Es ist schwieriger, eine vorgefasste Meinung zu zertrümmern als ein Atom.
—Albert Einstein

Haftende Etiketten

Warst du einmal Lehrling oder Praktikant und bist dann von der Firma übernommen worden? Dann hast du vielleicht die Erfahrung gemacht, dass du in der Schublade »Anfänger« warst und dort nicht mehr herausgekommen bist.

Wir neigen alle dazu, einander Etiketten aufzukleben, auf denen ein bestimmtes Urteil steht: »Versager«, »Dummchen« und ähnliches. Manchmal stempeln wir Menschen schon ab, bevor wir sie überhaupt kennen, und bemühen uns gar nicht, das Vorurteil zu hinterfragen. Meinen wir, jemanden zu kennen, legen wir ihn oft auf bestimmte Aspekte oder Eigenschaften fest. Wir schieben ihn in die Schublade, machen sie fest zu und schließen auch noch ab, so dass unser Opfer nie mehr herauskommt. Meist ist uns das nicht einmal bewusst. Aber wir setzen einen Mechanismus in Gang: Wenn wir glauben, dass eine Person z.B. schwierig ist, behandeln wir sie entsprechend. Sie reagiert wiederum auf unsere signalisierten Erwartungen und benimmt sich tatsächlich so. Wir erleben eine »sich selbst erfüllende Prophezeiung«. Der Grund: Wir kommunizieren unser Bild vom anderen nicht nur durch Worte, sondern auch durch Verhalten, Körpersprache und Sprechweise. Die meisten nehmen das teils unbewusst, teils auch bewusst wahr und reagieren darauf.

Die gute Nachricht: Der Mechanismus funktioniert auch im Positiven: *»Behandle die Menschen so, als wären sie, was sie sein sollten, und du hilfst ihnen zu werden, was sie sein könnten«* (Goethe).

Denk mal

Wen hast du in Schubladen?
Bei wem bist du in der Schublade?
Wie veränderst du das?

Mach mal

Stell dir heute mal den ganzen Tag vor, eine Person, mit der du Probleme hast, hätte das Etikett »wertvoll« auf der Stirn ...

Wenn du nicht sagst, was du willst,
bekommst du, was du nicht willst.
—Damaris Graf

Unausgesprochene Gedanken

■ Nach 50 Ehejahren saß ein Paar beim Frühstück. Die Frau schnitt das Brot an und dachte: »Seit 50 Jahren verzichte ich auf das knusprige Stück, weil ich es meinem Mann gebe. Heute will ich es mal selbst!« Ihr Mann reagierte hocherfreut: »Du machst mir eine große Freude! Seit 50 Jahren esse ich den Anschnitt, obwohl ich ihn nicht mag. Ich dachte immer, dass er dir nicht schmeckt!« Tragisch? Ja, wegen der mangelnden Kommunikation, die dahintersteht.

Wir nehmen Dinge oft als gegeben hin, ohne sie jemals hinterfragt zu haben. Wir üben uns im Verzicht, erdulden vieles umsonst, laden uns Lasten auf, weil wir annehmen, dass es der andere will oder wir ihm dadurch helfen. Es entsteht der Eindruck, sich für den anderen aufzuopfern. Das belastet natürlich die Beziehung.

Oft merken wir dabei gar nicht, dass wir – weil wir uns selbst ungefragt aufopfern – dasselbe vom anderen erwarten. Dieser Erwartungsdruck ist nicht fassbar, aber spürbar. Da der andere kein Gedankenleser ist, bleibt er unspezifisch. »Das muss sie/er doch wissen, wenn sie/er mich liebt!«, denken wir oft. Doch wenn wir nicht in Worte fassen, was wir konkret wollen, sind Enttäuschungen vorprogrammiert.

Ein offener Austausch über meine Erwartungen und die des anderen ist befreiend und stärkt die Beziehung. Allerdings müssen wir die Situation aktiv angehen. Wir brauchen Mut, um auch Unangenehmes anzusprechen und uns auf unerwartete Reaktionen einzustellen. Aber erst dann ist auch Raum für überraschende Lösungen.

■ **Denk mal**

In welchen Bereichen meinst du, dich für andere aufopfern zu müssen? Hast du das schon angesprochen?

■ **Mach mal**

Äußere heute mindestens drei Bitten ganz konkret und spezifisch. Erlaube dem anderen, zu entscheiden, ob er sie erfüllen möchte oder nicht.

2.4

> *Wir glauben, Erfahrungen zu machen,*
> *aber die Erfahrungen machen uns.*
> —*Eugène Ionesco*

Prägende Erfahrungen

Im Alter von knapp zwei Jahren sah meine Tochter ihre erste Blindschleiche. Sie hob sie auf, legte sie um ihren Arm und sagte: »Ein Armband!« Heute würde sie »Hilfe, eine Schlange!« rufen und weglaufen. In der Zwischenzeit ist sie nämlich um einige Erfahrungen reicher ...

Unser Verhalten wird von unseren Erfahrungen bestimmt. Man kann sich das wie einen Film vorstellen, der bei jedem Erlebnis aufgezeichnet wird. Immer, wenn wir in eine vergleichbare Situation kommen, wird der Film abgespult und wir verhalten uns ähnlich wie beim letzten Mal. Das ist nützlich, denn dadurch lernen wir, uns effektiv in der Welt und in sozialen Situationen zurechtzufinden. Schwierig wird es dann, wenn der Film nicht passt, z.B. wenn man in ein fremdes kulturelles Umfeld kommt. Da passiert oft ein Fauxpas, und das ist nachvollziehbar. Doch wenn in einer engen Beziehung der Erfahrungshintergrund scheinbar stimmig ist und jeder seine Rolle passend spielt, rechnet man gar nicht mit unterschiedlichen Drehbüchern. Ein fremdes Verhalten erlebt man dann oft als verletzend und meint »im falschen Film zu sitzen«. Wenn etwa der eine Partner die Erfahrung gemacht hat, dass man bei Krankheit umsorgt wird, und beim anderen das Filmskript vorsieht, dass man den Kranken in Ruhe schlafen lässt. So gibt es Enttäuschungen und Missverständnisse. Wenn man sich aber darüber austauscht, welche Erfahrungen zu diesem Verhalten geführt haben, kann Verständnis und ein gemeinsames, neues Drehbuch entstehen.

Denk mal

Welche Erfahrungen haben dich besonders geprägt? Wie wirkt sich das auf Verhalten und Erwartungen aus?

Mach mal

Versuche heute, bewusst den Gedanken »falsches Verhalten« durch »anderer Film« zu ersetzen. Frag nach, wie der Film des anderen entstanden ist.

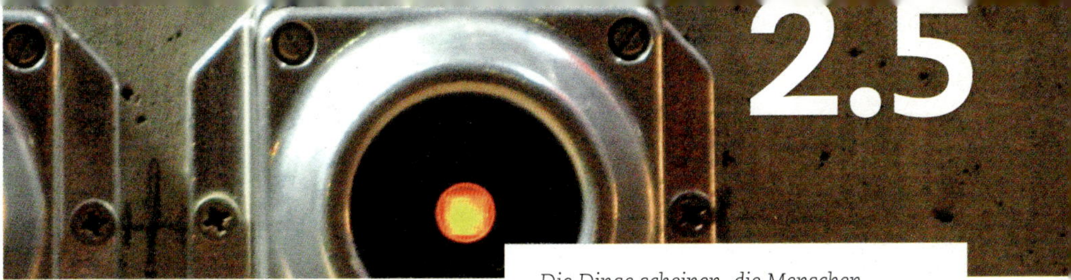

Die Dinge scheinen, die Menschen meinen.

—Sprichwort

Vorschnelle Annahmen

■ Eines Morgens sah ich eine ältere Nachbarin mit einem Nachbarn Hand in Hand auf dessen Haus zulaufen. Ich nahm an, sie wären ein Paar. Später erfuhr ich, dass sie Alzheimer hatte und er sich um sie kümmerte. Wie schnell hatte ich aus einer Wahrnehmung eine falsche Annahme gemacht! Ein typischer Mechanismus, der uns gar nicht bewusst ist:

1. Ich nehme etwas wahr.
2. Ich denke/vermute etwas.
3. Ich gehe davon aus, dass ...

Zuerst ist es eine subjektive Wahrnehmung, bis Schritt 3 hat sie sich unbemerkt in eine Tatsache verwandelt. Meist entstehen daraus Emotionen und Handlungen:

4. Das löst bei mir Gefühle aus und
5. deshalb handle ich ...

Ein Alltagsbeispiel:

1. Ein Bekannter grüßt nicht.
2. Ich denke, dass er mich nicht grüßen will.
3. Ich gehe davon aus, dass er mich ablehnt.
4. Ich ärgere mich.
5. Ich grüße ihn auch nicht mehr.

Nun gibt es eine Rückkoppelung: Der Bekannte nimmt seinerseits wahr, dass ich ihn nicht grüße und vermutet ... und geht davon aus ... und empfindet ... und handelt ... Ein Teufelskreis. Auf diese Weise verursachen falsche Annahmen Missverständnisse und Konflikte.

Du kannst diesen Ablauf unterbinden, indem du dir bewusst sagst: »Es wirkt auf mich jetzt so, als ob ... Doch das muss nicht so sein!« und den anderen konkret darauf ansprichst. Wetten, dass sich vieles aufklärt?!

■ **Denk mal**

Warst du schon einmal Opfer falscher Annahmen? Welche Folgen hatte das?

■ **Mach mal**

Sei heute mal ein »Vorschnelle-Annahmen-Detektor«: Achte bei dir und anderen darauf, ob aus Wahrnehmungen Annahmen werden.

2.6

Es gibt keine reine Wahrheit,
aber ebenso wenig einen reinen Irrtum.
—Friedrich Hebbel

Subjektive Wahrheiten

■ Als ich meiner Schwiegermutter Urlaubsbilder zeigte, meinte sie bei einem Foto: »Der Rock ist dir aber zu eng!« Erst stritt ich das ab, doch dann schaute ich genauer hin: Das Wickelband meiner Bluse hing seitlich über dem Rock und es sah so aus, als wäre der Reißverschluss aufgeplatzt!

Ein typisches Beispiel dafür, dass wir immer von unserer subjektiven Wirklichkeit ausgehen. Für vieles würden wir »unsere Hand ins Feuer legen«, weil wir die Dinge so wahrnehmen. Doch oft ist das nicht die objektive Wirklichkeit – wir halten sie nur dafür und machen unbewusst eine allgemeingültige Wahrheit daraus. »Das ist aber so, da bin ich ganz sicher!«, sagt der eine Gesprächspartner und der andere antwortet: »Du siehst das falsch! Es ist so ...!« Viele nehmen das persönlich, weil sie eine abwertende Haltung dahinter vermuten: Rechthaberei, Überheblichkeit und Verurteilung. Sofort ist die Kommunikation gestört. Wenn es um Wesentliches geht, entwickelt sich sogar ein Konflikt daraus. Hast du auch die Erfahrung gemacht, dass es sowieso nichts bringt, wenn wir diskutieren und den anderen von seiner Meinung abbringen wollen? Er argumentiert nur noch eifriger und die Diskussion wird hitziger. Aus dem Sachkonflikt entsteht dann oft sogar ein Beziehungskonflikt.

Es entschärft die Situation, wenn man offen nachfragt, wie der andere zu seiner Meinung kommt, und sie gleichberechtigt stehen lässt. Dazu muss man allerdings das Recht aufgeben, recht zu haben.

■ **Denk mal**

Bist du bereit, dich darin zu üben, andere Sichtweisen und Meinungen stehenzulassen?

■ **Mach mal**

Versuche heute darauf zu achten, wie oft du von Tatsachen ausgehst, obwohl es sich möglicherweise um deine subjektive Wirklichkeit handelt.

2.7

Offene Baustellen

Wir hören in dem Augenblick auf zu lieben, in dem wir nicht mehr über das reden, was uns wichtig ist.
—Martin Luther King

■ Sie hatten eine Vision: Eine Stadt und einen himmelhohen Turm wollten sie bauen, unabhängig und berühmt damit werden. Zuerst lief alles nach Plan. Die Zusammenarbeit war perfekt. Bis plötzlich die Kommunikation nicht mehr funktionierte. Der Allmächtige hatte ihre Sprache verwirrt. Resultat: Baustopp. Wegen Verständigungsproblemen musste das Projekt abgebrochen werden.
Diese Geschichte des Turmbaus in Babel (1. Mose 11) zeigt, dass produktive Zusammenarbeit ohne Kommunikation unmöglich ist. Für mich ist sie auch ein passendes Bild für den Bau von Beziehungen: Kommunikationsprobleme sind meist die Ursache für einen Stillstand beim Beziehungsaufbau. Wir sprechen zwar die gleiche Sprache, erreichen damit oberflächliche Verständigung, aber kein wirkliches Verstehen mehr. In Partnerschaften spricht man oft nur noch über Alltägliches, weil die Sprache der Liebe verlernt wurde. Manchmal wackelt auch schon das Fundament, weil sich die Partner noch nie offen über Gefühle, Träume und Ziele ausgetauscht haben. Viele reagieren irgendwann frustriert: »Reden bringt ja doch nichts. Er/Sie versteht mich nicht.« Eines Tages bricht das Beziehungsgebäude dann ganz zusammen.
Manchmal geht es zwar nur noch mit Hilfe von außen, doch es gibt die Chance der Restauration oder des Wiederaufbaus. Damit es gar nicht erst soweit kommt: Behalte die Beziehung im Auge und kämpfe um Verstehen!

■ **Denk mal**
Wie würde ein Dritter die Beziehung zwischen dir und deiner engsten Bezugsperson beschreiben?

■ **Mach mal**
Deine drei wichtigsten Beziehungen: Sprecht ihr (noch) über Gefühle? Ist wirkliches Verstehen da? Vereinbare bei Bedarf einen »Gesprächstermin«.

Woche 3
Beziehungen stärken

Wenn Reden Silber und Schweigen Gold ist, dann ist Zuhören Platin.
—Andrzej Majewski

Aufmerksames Schweigen

■ Der Besitzer einer riesigen Supermarktkette beschreibt sein Erfolgsrezept so: »Den Kunden zuhören: das erste große Geheimnis. Den Kunden zuhören: das zweite große Geheimnis. Den Kunden zuhören: das dritte große Geheimnis.«
Das mag überraschen. Meist denkt man eher, man muss überzeugend reden, um erfolgreich zu sein. Es wird nachvollziehbar, wenn man auf Ergebnis und Wirkung schaut: Nur beim Zuhören erfahre ich etwas über die Bedürfnisse einer Person. Wenn ich mich zurücknehme, beschenke ich sie. Ich zeige Wertschätzung – für sie und das, was sie sagt. Nur den Mund zu halten reicht dabei nicht. Der andere hat feine Sensoren dafür, ob ich ihm wirklich Aufmerksamkeit schenke. Voraussetzung ist, auf alle anderen Aktivitäten zu verzichten.
Interesse kann ich signalisieren, indem ich visuelle und akustische Rückmeldungen gebe wie Nicken, Lächeln, »mhmm«, Nachfragen: »Du hast also empfunden, dass ...«, »Wenn ich dich richtig verstanden habe, ...« So fördere ich das Gespräch und prüfe, ob das Gesagte richtig angekommen ist.
Was Zuhören behindert, sind die eigenen Gedanken: »Das müsste ich dringend erledigen ...« oder »Dazu fällt mir ein ...« Manche beziehen das Gesagte auch viel zu sehr auf sich: »Meint der, ich soll ...« oder »Wirft sie mir jetzt vor, dass ...« Schon sind sie bei sich selbst und nehmen nicht wahr, was der andere über *sich* sagt. Da braucht es Disziplin.
Aufmerksam Zuhören ist anstrengender als Sprechen, aber oft effektiver.

■ **Denk mal**
Wann hat dir jemand seine *ungeteilte* Aufmerksamkeit geschenkt? Was hast du dabei empfunden?

■ **Mach mal**
Höre heute einem Gesprächspartner etwa zehn Minuten *aufmerksam* zu!

3.2

Beflügelnde Worte

Lob ist wie eine Feder. Von Zeit zu Zeit ein Lob, und Menschen bekommen Flügel.
—Phil Bosmans

■ Ein armer, ungebildeter junger Mann fühlte sich zum Schreiben berufen. Doch was er auch verfasste, es wurde immer abgelehnt. Eines Tages wurde etwas angenommen. Er erhielt zwar kein Geld dafür, doch der Lektor lobte ihn. Dies beflügelte ihn so sehr, dass er neu motiviert weiterschrieb. Er wurde weltberühmt. Der Mann hieß Charles Dickens.

Ein schönes Beispiel dafür, wie wirkungsvoll positive Rückmeldungen sein können. Sie erkennen Leistung an und drücken Wertschätzung aus. Gleichzeitig sind sie wie ein Wegweiser: Sie bestätigen, dass man auf dem richtigen Weg ist, und ermutigen dazu, dasselbe Verhalten zu wiederholen. Deshalb ist es wichtig, dass Lob spezifisch formuliert wird. Wenn du hörst: »Du bist toll!«, freut dich das zwar, doch es gibt dir keinen Hinweis darauf, was der andere an dir gut findet. Wenn er dagegen ein konkretes Beispiel für Verhalten, das er bewundert, nennt, gibt dir das eine Bestätigung. Du kannst dieses Verhalten bewusst wiederholen. Das Lob motiviert dich sogar dazu.

Wenn du Kinder, einen Partner oder als Führungskraft Mitarbeiter hast, merkst du, dass Lob ein Geheimrezept ist, um positive Verhaltensveränderungen herbeizuführen, denn es motiviert und beflügelt. Achte darauf, schon die Anstrengungen zu loben, selbst wenn das Ergebnis noch nicht stimmt. So beugst du der Frustration vor und motivierst zum Weiterüben.

Willst du anderen Flügel verleihen? Dann lenke deinen Blick bewusst auf das Positive bei Menschen.

■ **Denk mal**

Was könntest du tun, um die Bemühungen und positiven Resultate bei anderen Menschen mehr zu sehen?

■ **Mach mal**

Ermutige heute mindestens einen Menschen ganz konkret, z. B. »Mir gefällt an dir, dass du/wie du ...! Dadurch ...«

Entdeckende Fragen

Jede Frage besitzt eine Macht, die nicht in der Antwort liegt.

—Elie Wiesel

»Hebammenkunst« nannte der Philosoph Sokrates seine Methode, durch geschicktes Fragen seinen Schülern die richtigen Antworten zu entlocken. Er ging davon aus, dass Wissen in jedem Menschen steckt und man es durch die richtigen Fragen ans Tageslicht befördern könne.

Auch Beratung und Therapie verwenden Fragen als Instrument, um Klienten eigene Antworten finden zu lassen. »Fragen statt Sagen« ist eine gute Devise. Wenn man fragt, signalisiert man, dass man nicht alles besser weiß. Dadurch kann der andere Ratschläge besser akzeptieren. Selbst Kritik lässt sich leichter annehmen, wenn sie nicht als unumstößliche Tatsache, sondern als Frage formuliert wird: »Kann es sein, dass du ...?«

Missverständnisse können rechtzeitig ausgeräumt werden, bevor es zu Konflikten kommt, wenn man nachfragt, statt zu (ver-)urteilen. »Bitte erkläre mir: Warum hast du dich so verhalten?«

Die Wirkung von Fragen liegt auch darin, dass sie ganz anders zum Mitdenken anregen als Aussagen, da sie dem anderen den Ball zuwerfen. »Jetzt bist du dran!«, signalisieren sie und fordern auf, aktiv zu werden, sich einzubringen – mit der eigenen Meinung und der ganzen Person. Daher vermitteln Fragen auch Wertschätzung: »Ich will wissen, was du denkst, wie du bist!«, drücken sie aus. Sie sind die Basis für gute Beziehungen, denn sie sind ein Werkzeug, um etwas über eine Person zu erfahren. Sie helfen uns, das zu entdecken, was unter der Oberfläche ist. Also Hebammenkunst ...

Denk mal

Was könntest du konkret tun, um weniger zu sagen und mehr zu fragen?

Mach mal

Versuche heute, bewusst Fragen in Unterhaltungen einzubauen.
Achte darauf, nachzufragen, bevor du urteilst.

Maßvolle Worte

Reden ist nicht immer Silber und Schweigen auch nur manchmal Gold.
—Damaris Graf

■ Der Philosoph Aristoteles warnte sowohl vor jedem Übermaß als auch vor Mangel. Er forderte auf, in allem »das Maß der Mitte« anzustreben. Sein Anspruch lässt sich sehr gut auf Kommunikation übertragen: Sowohl zu viel als auch zu wenig führt zu Unzufriedenheit und hat einen negativen Einfluss auf Beziehungen.

Wer zu viel redet, hat wenig Zeit zum Zuhören, er tendiert zum Monolog statt Dialog. Er zerredet Dinge, lenkt durch unwichtige Details vom Wesentlichen ab, verwirrt dadurch und benötigt viel Zeit. Meist trägt er auch sein »Herz auf der Zunge« und gibt zu viel und Unpassendes preis. Er neigt zu Klatsch und Tratsch, verbreitet oft Gerüchte und übertreibt gerne.

Die Fehler des Vielredners sind offensichtlich, doch auch der Schweigsame verursacht Beziehungsprobleme. Er macht das allerdings unauffällig – indem er nichts oder zu wenig sagt. Er gibt oft wichtige Infos nicht weiter; daher kommt es zu schlechter Abstimmung und Zusammenarbeit, zu Unsicherheit, Gerüchten und Missverständnissen. Von ihm gibt es wenig Rückmeldung. Er neigt dazu, Negatives mit sich selbst auszumachen und innerlich zu grollen. Da er zu wenig von dem erzählt, was in ihm vorgeht, kommt es leicht zur Entfremdung in Beziehungen. Er steht auch in der Gefahr, sich zu isolieren.

Zu welchem Extrem wir neigen, ist teils Erbe, teils Prägung. Doch wenn wir die Tendenz erkennen, können wir daran arbeiten, das richtige Maß zu finden.

■ **Denk mal**

Wo würdest du dich auf einer Skala von 1 (schweigsam) bis 10 (redselig) einordnen? Welche Folgen hat das?

■ **Mach mal**

Versuche die Quantität deiner Worte beziehungsorientierter zu steuern.
Tipp: Stärke das Mangelnde, z. B. »mehr zuhören« (statt »weniger reden«).

Klärende Gespräche

Es löst sich etwas, und was wie ein Zauber erscheint, ist vor allem die heilsame Kraft einer ehrlichen, meist lange verschleppten Aussprache.
—Christoph Thomann

■ In Beziehungen lassen sich Verletzungen nicht vermeiden. Doch wie gehen wir damit um? Schlucken wir sie immer wieder hinunter, wenn sie uns aufstoßen? Meiden wir sogar gewisse Personen?
Nicht ausgedrückte Gefühle verwandeln sich in Gift, das sowohl uns als auch der Beziehung schadet. Daher gibt auch die Bibel eine klare Anweisung: »Wenn dein Bruder Schuld auf sich geladen hat, dann sag ihm, was er falsch gemacht hat.« (Lukas 17,3). In anderen Worten: »Wenn sich jemand dir gegenüber falsch verhält, mach es nicht mit dir selbst aus. Sprich die Sache an und gib dem anderen die Chance, sie auszuräumen!« Oft ist ihm gar nicht bewusst, was er ausgelöst hat. Vieles lässt sich leicht aus der Welt schaffen, wenn man nur wagt, es zu thematisieren. Allerdings sollte das Ansprechen nie zum Vorwurf werden. Wenn sich jemand angegriffen fühlt, fährt er sofort eine unsichtbare Wand hoch. Er wird sich verteidigen, ebenfalls angreifen. Es gibt Konflikte.

Versuche es mit der »3-B-Technik«: *Beschreibe* sachlich, was du wahrgenommen hast und wie du es *bewertest*, also welche Gedanken und Gefühle das in dir auslöst. Verwende »Ich-Botschaften« wie z.B.: »*Ich* habe mich gefühlt ...«, »Auf *mich* hat das so gewirkt« statt »Du hast mich niedergemacht!« Es ist wichtig, dass du nur von dir sprichst und Schuldzuweisungen vermeidest. Formuliere nun, worum du den anderen *bittest*. Danach kann der andere seine Sicht darstellen und Missverständnisse ausräumen. Die Beziehung ist neu geklärt.

■ **Denk mal**

Wie gehst du mit Kränkungen und ähnlichem um? Wie könntest du Schwieriges hilfreicher ansprechen als bisher?

■ **Mach mal**

Überlege, was du bei wem ansprechen solltest, und notiere es.
Verabrede dich gleich mit der/den entsprechenden Person(en).

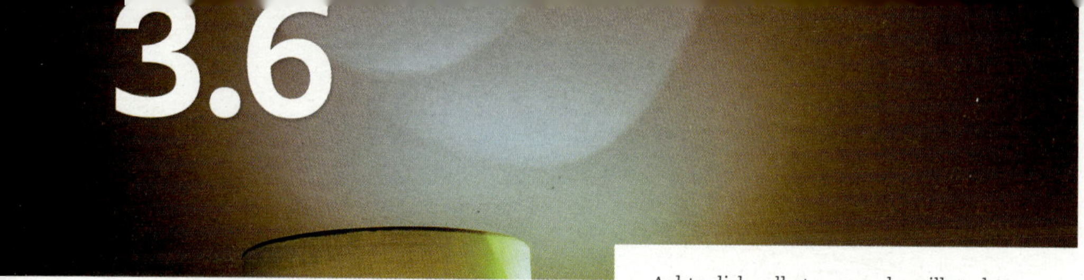

3.6 Erhöhte Akzeptanz

Achte dich selbst, wenn du willst, dass andere dich achten sollen!
—Adolph Freiherr Knigge

■ Als ich 18 war, ging ich zu einem Krankengymnasten, bei dem ich mir »von oben herab« behandelt vorkam. Einmal wehrte ich mich dagegen und kam ihm intellektuell. Es wirkte. Doch ein neues Rezept hat er von mir nicht mehr gesehen!

Kennst du auch den Eindruck, dass dein Gesprächspartner sich ein paar Stufen über dir sieht? Oder umgekehrt, dass sich jemand dir unterlegen fühlt und sich anbiedert? In beiden Fällen kommuniziert man nicht auf einer Ebene; es entsteht ein Ungleichgewicht, dass man (un-)bewusst auszugleichen versucht. Dahinter steht die Haltung »Ich bin OK – du bist nicht OK« oder »Du bist OK – ich nicht«.

Fühlt man sich unterlegen, reagiert man meist auf eine der vier Arten: sich größer machen, den anderen herunterholen, sich noch kleiner machen oder sich ganz zurückziehen. Alle Manöver beeinflussen die Kommunikation und Beziehung negativ, denn sie erzielen ein Ungleichgewicht und führen zu einem Teufelskreis.

Wenn wir dagegen von »Ich bin OK – du bist OK« ausgehen, haben wir es nicht nötig, uns größer oder gar kleiner zu machen. Ich glaube, dass diese Grundeinstellung die Voraussetzung dafür ist, dass wir das Gebot »Liebe deinen Nächsten wie dich selbst!« (3. Mose 19,18) befolgen und andere »höher achten« können (Philipper 2,3). Wenn ich mich oder den anderen als »nicht OK« bewerte, geht das nicht; dann mache ich mich oder ihn runter. OK heißt nicht »fehlerlos«, sondern »mit Stärken und Schwächen akzeptiert«.

■ **Denk mal**

Wann fällt es dir leichter, wann schwerer, dich und andere als OK zu akzeptieren?

■ **Mach mal**

Frage dich heute bei allen Gesprächen: Sehe ich uns beide auf einer Ebene? Gibt es ein Ungleichgewicht, ersetze »nicht OK« bewusst durch »OK«.

3.7

> *Nichts ist leichter als Selbstbetrug, denn was ein Mensch wahr haben möchte, hält er auch für wahr.*
>
> —*Demosthenes*

Aufschlussreiche Sichtweisen

Neulich erzählte ein Mann im Fernsehen, er hätte geweint, als er feststellte, dass er wie Elvis singen könne. Als er eine Kostprobe seines Könnens gab, waren die Zuschauer den Tränen nahe – vor Lachen. Welche Selbstüberschätzung!
Häufig begegnen uns auch Menschen, die sich unterschätzen, z.B. der Mann, der sich für einen Versager hält, obwohl er erfolgreich ist, oder die Frau, die sich für zu dick hält, obwohl sie Größe 36 trägt. Der Unterschied zwischen Selbst- und Fremdbild ist nicht immer so krass wie in diesen Beispielen, doch beide Bilder stimmen nie vollständig überein. Die meisten haben auch einen »blinden Fleck«, d.h. Stärken oder Schwächen, die sie selbst gar nicht kennen und nur durch eine Rückmeldung wahrnehmen und verändern können.
Willst du mehr über deine Außenwirkung erfahren und an dir arbeiten? Dann bitte eine dir nahe stehende Person um ehrliches Feedback, z.B. mit folgenden Fragen: »Was gefällt dir an mir? Was wünschst du dir von mir?« oder: »Mit welchen Dingen soll ich weitermachen? Mit welchen aufhören? Mit welchen anfangen?« Wichtig ist, dass der andere über dein Verhalten spricht, über Dinge, die du bewusst beeinflussen kannst. Bitte ihn, es sachlich zu beschreiben und nicht zu werten. Behalte im Hinterkopf, dass jede Rückmeldung subjektiv ist und du selbst entscheidest, wie du damit umgehst. Doch denke erst einmal in Ruhe darüber nach, bevor du sie abschmetterst. Vielleicht liegt ja doch ein Körnchen Wahrheit darin?!

Denk mal

Neigst du eher dazu, dich zu unter- oder zu überschätzen? Bist du bereit für ein Feedback?

Mach mal

Überlege dir jetzt, was du gerne über dein Verhalten wissen möchtest, und formuliere 2-3 Fragen. Lass sie dir von einer Bezugsperson beantworten.

Woche 4
Konflikte lösen

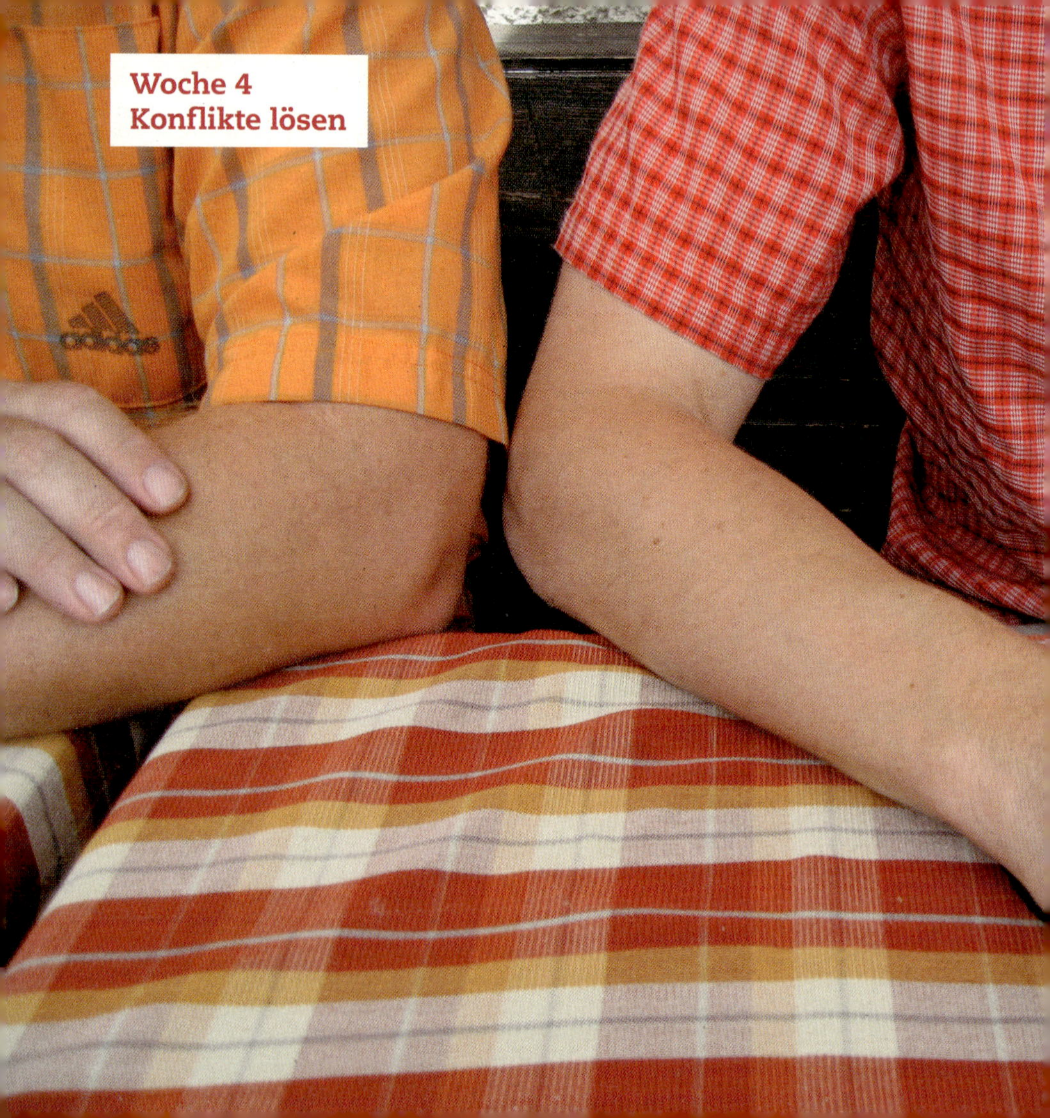

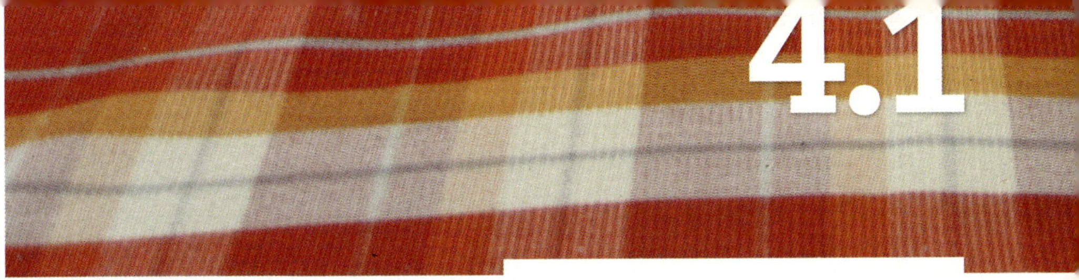

Meuternde Stimmen

Zwei Seelen wohnen, ach! in meiner Brust.
—Johann Wolfgang von Goethe

■ Stell dir vor, eine Freundin bittet dich, sie morgens um vier zum Flughafen zu fahren. Werden da verschiedene Stimmen in dir laut? Der Hilfsbereite: »Schön, wenn ich helfen kann!« Der Morgenmuffel: »Das ist viel zu früh!« Der Harmoniemensch: »Wenn ich nein sage, mag sie mich nicht mehr!« Der Egoist: »Keine Lust!« Der Berechnende: »Eine Hand wäscht die andere!« Der Angsthase: »Es könnte Glatteis geben!« Der Dankbare: »Sie hat mir auch schon geholfen!« Bist du innerlich hin- und hergerissen? Oder sagst du gleich Ja? Dann werden vielleicht hinterher die Stimmen in dir laut, die die Entscheidung missbilligen.

Man kann sich diese Stimmen wie ein »inneres Team« vorstellen, das nicht immer im Einklang miteinander ist. Dies führt zu inneren Konflikten und wirkt sich auf das Kommunikationsverhalten aus, vor allem in Situationen, wo eine spontane Reaktion erwartet wird. Da sagen wir schnell etwas, ohne dem Team Zeit zur Beratung zu lassen. Hinterher fühlen wir uns oft unwohl und meiden die entsprechende Person eventuell sogar.

Bitte deshalb lieber um Bedenkzeit und berufe eine »Teambesprechung« ein. Höre alle Stimmen an und benenne sie. Dann bist du als Teamleiter am Zug. Du bist die oberste Instanz und fällst am Ende die Entscheidung. D.h. du hörst zwar bewusst auf die »Stimmen in der Brust«, aber *du* bestimmst letztlich. Da aber alle Teammitglieder angehört wurden, kannst du die Entscheidung nun vor dir und anderen vertreten.

■ **Denk mal**

In welchen Situationen fühlst du dich besonders hin- und hergerissen? Was könnte dir zu mehr Klarheit verhelfen?

■ **Mach mal**

Versuche, für eine typische Situation die Stimmen zu identifizieren. Schreibe auf, was sie sagen, und benenne sie. Welche willst du stärken?

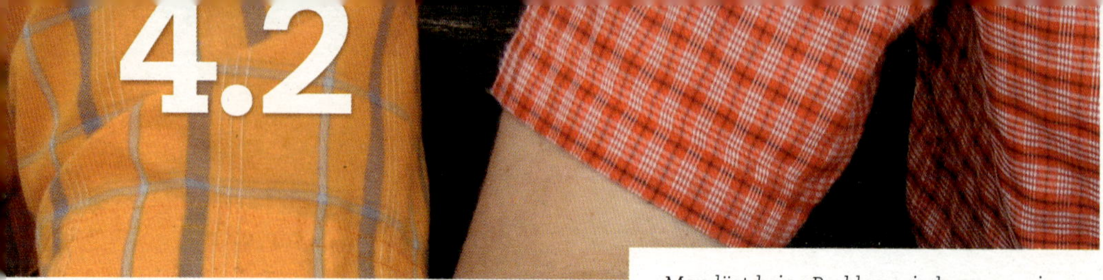

4.2

Kochende Gefühle

Man löst keine Probleme, indem man sie auf Eis legt.

—Winston Churchill

■ Bei einer Kochprüfung riss eine Schülerin den Dampfkochtopf zu schnell auf. Die Fischsuppe spritzte bis an die Decke!
Auch Konflikte, die nicht thematisiert werden, haben Explosionspotential. Sie kochen unter der Oberfläche unbemerkt vor sich hin, bilden immer mehr Dampf, bis man den Druck selbst von außen mitbekommt. Aber wehe, jemand öffnet den Deckel und legt den Konflikt offen!
Manchmal versucht man, schnell die Spuren zu beseitigen und den Deckel wieder draufzudrücken: »Die beruhigt sich schon wieder!« Doch der Konflikt brodelt weiter. Entweder kommt es dann zu einer erneuten Explosion oder zu einem chronischen Konflikt, bei dem die Beteiligten häufig unter körperlichen Symptomen wie Magenschmerzen leiden.
Manch einer will »kurzen Prozess« machen und wählt die Tiefkühlmethode – er will den Konflikt mitsamt dem Konfliktpartner ins ewige Eis schicken: »Der ist für mich gestorben!« Nun hat sich die ganze Sache zwar abgekühlt, aus der Welt ist sie aber deshalb noch lange nicht. Es kommt meist zu einem kalten Krieg, bei dem man zwar höflich miteinander umgeht, die Parteien sich jedoch als Gegner sehen.
Als Faustregel gilt: Je länger man wartet, um Konflikte zu klären, desto schwieriger wird es. Manchmal sind die Fronten schon so verhärtet, dass man einen Klärungshelfer braucht. Konflikte gibt es immer; entscheidend ist, ob wir aktiv mit ihnen *um*gehen oder sie um*gehen*.

■ **Denk mal**

Fühlst du dich unwohl, wenn du an eine bestimmte Person denkst? Köchelt bei dir etwas oder liegt es auf Eis?

■ **Mach mal**

Schreibe auf, mit wem du welchen Konflikt hast. Stell dir nun vor, du bist der Klärungshelfer: Wie analysierst du den Konflikt, was rätst du dir selbst?

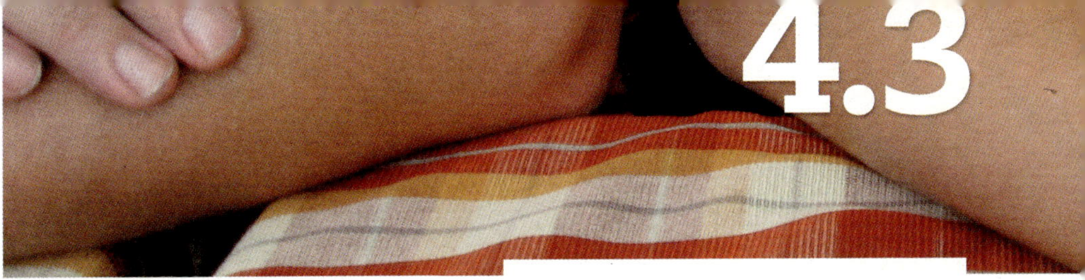

Entspannte Reaktionen

Druck erzeugt Gegendruck.
—Sprichwort

■ Mach doch einmal folgenden Test: Bitte jemanden, seine Hand hochzuhalten und drücke mit deiner Handfläche fest dagegen. Du wirst feststellen, dass der andere automatisch gegen deine Hand drückt, auch wenn du ihn gar nicht dazu aufgefordert hast. Bitte ihn nun, beim nächsten Mal dem Druck nachzugeben. Was passiert jetzt? Die Hand »sackt langsam runter«. Selbst wenn du es mit deinen beiden Handflächen probierst, wird auch hier der Druck automatisch Gegendruck erzeugen. Es ist wie ein Reflex.

Genauso läuft es in der Kommunikation ab: Übt ein Gesprächspartner Druck aus – z. B. durch Vorhaltungen – wird er auf Widerstand stoßen. Der andere »kontert«. Beide werden wie beim Armdrücken immer mehr Kraft einsetzen und versuchen, den anderen niederzumachen. Das ist Energievergeudung, denn es wachsen nur die Spannung und der Widerstand.

Du kannst die Situation entschärfen, wenn du es schaffst, so lange zu warten, bis der andere sein Pulver verschossen hat. Höre aktiv zu und versuche herauszufinden, was den anderen bewegt, statt ihn noch mit Munition zu versorgen. Je weniger Druck du dagegenhältst, desto schneller ist der andere für eine wirkliche Konfliktklärung bereit. Erst wenn er »Dampf abgelassen« hat, ist er offen für deine Perspektive. Um zu vermeiden, dass nun von deiner Seite wieder Druck kommt, sprich nur von dir und deinen Gefühlen (s. S. 27). So kommt Entspannung in die Situation und der Konflikt kann konstruktiv gelöst werden.

■ Denk mal

An welche Situationen erinnert dich das heutige Experiment?

■ Mach mal

Versuche doch mal, dir das Kontern zu verkneifen. Beobachte, wie dein Gesprächspartner auf den fehlenden Gegendruck reagiert.

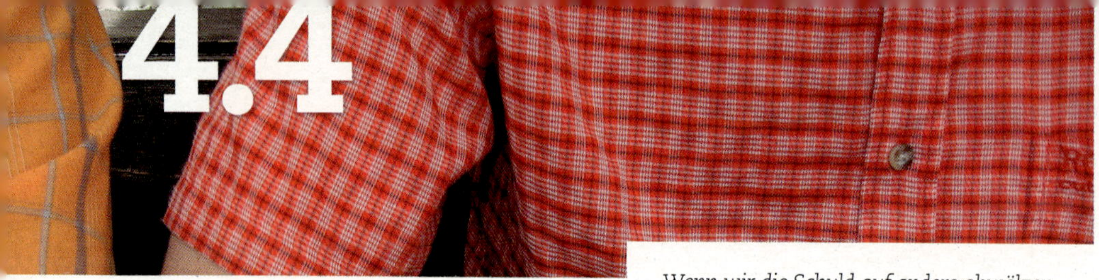

4.4

Wenn wir die Schuld auf andere abwälzen, geben wir unsere Macht auf.
—Greg Anderson

Spannende Wechselwirkungen

Ein Ehepaar spricht über seine Probleme: Er: »Sie nörgelt immer, deshalb gehe ich oft weg.« Sie: »Er geht dauernd weg, deshalb nörgle ich!«
Jeder der beiden meint, mit seinem Verhalten nur auf das des anderen zu reagieren. Er sieht es nur als Folge, nicht als Ursache. Wie bei Kindern heißt es: »Der/Die hat aber angefangen!« Der andere hat doch Schuld, man selbst ist im Recht, ist nur das arme Opfer. Davon abgesehen, dass sich meist nicht feststellen lässt, wer angefangen hat, bringt es auch nicht weiter. Ein Teufelskreis ist entstanden, der sich immer weiter dreht und hochschaukelt, bis die ganze Beziehung davon betroffen ist. Solche Kreisläufe sind die Wurzel vieler Beziehungskonflikte.
Um sie zu unterbrechen, muss man verstehen, wie sie funktionieren. Indem man erkennt, dass es nicht um Aktion und Reaktion, sondern um *Inter*aktion geht, ist man nicht mehr hilflos ausgeliefert. Man muss zwar den eigenen Beitrag eingestehen und Verantwortung übernehmen, gewinnt aber dadurch die Macht zur Veränderung. Sind beide Partner bereit, am Problem zu arbeiten, dann sind Schuldzuweisungen sowie Spekulationen über den Ursprung tabu. Zuerst wird der Mechanismus offengelegt: So läuft es bei uns ab, unsere Verhaltensweisen beeinflussen sich gegenseitig. Dann wird gemeinsam überlegt, wie etwas verändert werden kann, evtl. mithilfe eines Beraters. Das Prinzip der Wechselwirkungen kann so genutzt werden, dass sie sich positiv verstärken!

Denk mal
Welche Teufelskreise in persönlichen und/oder beruflichen Beziehungen möchtest du durchbrechen?

Mach mal
Skizziere den Teufelskreis, der die schlimmste Wirkung hat. Was wirkt wie? Beschreibe der beteiligten Person die Zusammenhänge. Arbeitet daran.

Ich glaube nicht an simple Gegensätze, … an »richtige« und »falsche« Perspektiven. Es gibt ja unendlich viele gleichberechtigte Perspektiven der Realität.
—Luciano Berio

Neue Perspektiven

■ Kennst du sogenannte Kippbilder? Da gibt es z.B. das Bild einer alten Frau mit Hexengesicht. Schaut man anders drauf, ist plötzlich eine attraktive junge Dame zu sehen (www.onlinewahn.de/kipp-r.htm). Wenn wir bei solchen Bildern einmal eine bestimmte Blickrichtung haben, ist es fast unmöglich, das andere Bild zu sehen. Wir brauchen Zeit und müssen uns anstrengen, um die andere Perspektive wahrzunehmen. Oft brauchen wir sogar erklärende Hilfe von außen.

Genauso ist es bei Konflikten. Wir sehen nur unsere Seite, meinen, nur wir hätten recht. Gerade deshalb kommen wir im Gespräch nicht weiter. Denn wenn wir auf unserem Standpunkt beharren, verhärten sich die Fronten noch mehr.

Wenn wir uns dagegen bewusst machen, dass unsere Sicht der Dinge nur ein Ausschnitt der Wirklichkeit ist, dann können wir versuchen, sie durch die Blickrichtung des anderen zu ergänzen. Man sagt ja auch «sich in die Schuhe des anderen stellen«. Darunter verstehe ich, dass man dabei nicht nur eine andere Perspektive einnimmt, sondern versucht zu *fühlen*, wie es sich in den Schuhen des anderen läuft.

Auf einmal erkennt man: »Wenn man es so betrachtet, dann sieht die Situation ja ganz anders aus!« Der Blickwinkel hat sich verbreitert. Ein Klärungsgespräch wird nun anders ablaufen, vor allem, wenn auch der andere bereit ist, einen Perspektivwechsel vorzunehmen. Im Idealfall erkennen beide: Es gibt immer drei Sichtweisen: deine, meine und die, wie es wirklich ist.

■ **Denk mal**

Bei welchen Menschen wünschst du dir, sie würden sich in deine Perspektive einfühlen und eindenken?

■ **Mach mal**

Versuche du nun, dich in diese Person hineinzuversetzen und schreibe auf, wie er/sie wohl denkt und fühlt.

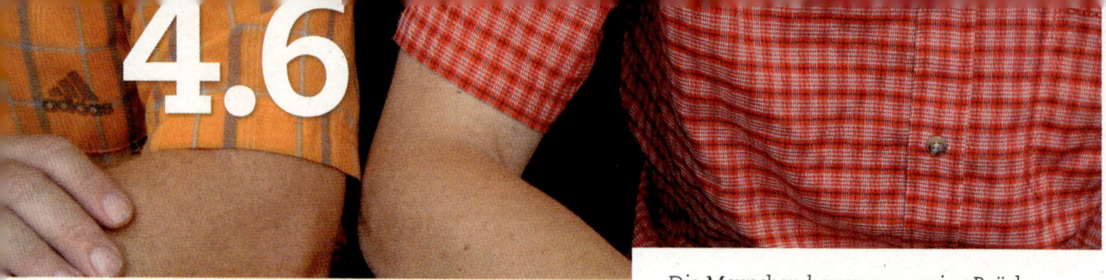

4.6

Die Menschen bauen zu wenige Brücken und zu viele Mauern.
—Dominique George Pire

Akzeptable Lösungen

Der Bär Winnie Puuh und seine Freunde wollen ein Picknick machen. Doch jedes Tier will auf seiner Seite des Flusses bleiben. Als sie abstimmen, steht es unentschieden. Da hat das Känguru eine Idee: Sie treffen sich in der Mitte und machen das Picknick einfach auf der Brücke.

Die Tiere haben ein wichtiges Prinzip der Konfliktlösung erkannt: Konsensfindung. Wenn es noch keine Brücke gibt, versucht man eben, gemeinsam eine zu bauen. Aber da ein Konsens eine Übereinstimmung und kein Kompromiss ist, muss sich die Lösung nicht unbedingt genau in der Mitte befinden. Wichtig ist nur, dass alle Konfliktparteien einverstanden sind. Denn wenn nur einer seinen Willen bekommt, fühlt sich der andere als Verlierer. Ein Schein-Sieg, da dies negative Folgen für die Beziehung hat – vor allem auf lange Sicht. Falls einer seine stärkere Position nutzt und seinen Willen mit Gewalt durchdrückt, wird der Schwächere ihm das nachtragen. Auch wenn er zwar freiwillig, aber etwa nur aus Harmoniesucht nachgibt, wirkt sich das nachteilig aus. In beiden Fällen sieht er sich als Opfer und den anderen als Täter und wird es ihn (indirekt) spüren lassen.

Eine gute Technik, um einen Konsens zu finden, ist, bewusst die Rollen (evtl. auch die Stühle) zu tauschen. Jeder denkt sich bewusst in die Situation des anderen und versucht, dessen Position verbal zu vertreten. Nach dem Rollentausch ist die Bereitschaft viel größer, eine für beide akzeptable Lösung zu suchen – und man findet neue Ideen …

Denk mal

Bist du in Konflikten häufiger ein Gewinner oder Verlierer? Was trägt dazu bei? Wie geht es dir damit?

Mach mal

Teste doch heute mal den Rollentausch. Vielleicht spielst du nur zur Übung einen alten Konflikt mit jemandem nach.

Vergebung bedeutet: die Tür aufzusperren, um jemanden freizulassen – und einzusehen, dass du es selbst warst, der gefangen war.

—*Max Lucado*

Befreiendes Loslassen

■ Frida Gashumba erlebte mit, wie ihre Eltern und Geschwister beim Völkermord in Ruanda bestialisch ermordet wurden. Sie selbst wurde niedergeschlagen und dann lebendig begraben, überlebte jedoch. Als sie später Christin wurde, entschied sie sich, den Mördern zu vergeben. Sie wurde innerlich frei.

Auch Psychologen kennen die heilsame Kraft von Vergebung. Sie wissen, dass Hass und Bitterkeit uns selbst am meisten schaden, da sie uns innerlich auffressen. Das hat auch körperliche Folgen: Menschen werden nicht gesund, weil sie nicht vergeben. Studien zeigen, dass nachtragende Menschen häufiger an körperlichen Stress-Symptomen leiden. Wenn wir nicht vergeben, bindet uns eine unsichtbare Schnur an den »Täter«. Wir halten ihn fest und er uns. Somit hat er Macht über unser Leben.

Es fängt mit den ganz dünnen Fäden an, d.h. die scheinbar »kleinen« Dinge, die wir anderen nachtragen. Wir »mauern«, werden bitter und schimpfen bei anderen *über* die Person, statt *mit* ihr darüber zu reden. Das Gift fängt zu wirken an.

Fehlende Vergebung steht nicht nur zwischen uns und dem anderen, sondern trennt uns auch von Gott. Um loslassen zu können, muss man die Verletzung eingestehen, den Schmerz und Ärger spüren. Nur stehenbleiben darf man an dieser Stelle nicht, sonst gibt es keine Befreiung. Da Vergebung eine Entscheidung und kein Gefühl ist, muss sie bewusst und immer wieder neu getroffen werden. Doch wenn Menschen wie Frida es schaffen, können wir das auch!

■ **Denk mal**

Wer anderen etwas nachträgt, hat viel zu tragen. Was trägst du anderen nach? Bist du bereit, loszulassen?

■ **Mach mal**

Schreibe auf, wem du was nachträgst. Zerreiße dann als symbolische Handlung den Zettel und wirf ihn weg. Behalte diese Aktion in Erinnerung.

Besser kommunizieren …

■ Diese *Gedanken* sind mir besonders wichtig geworden.
Das will ich im Hinterkopf behalten:

■ Diese Dinge will ich bei *mir* umsetzen (was genau, wie, bis wann?):

■ Diese Dinge will ich *in Beziehungen* umsetzen (was genau, bei wem, wie, bis wann?):

■ Diese *Gespräche* will ich führen (mit wem, über was, bis wann?):